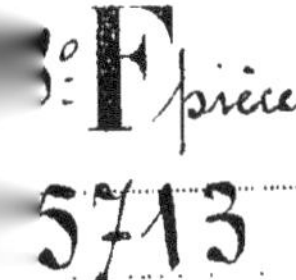

DÉCRET

DU

5 OCTOBRE 1920

FRAIS DE JUSTICE CRIMINELLE

Extrait
DES ANNALES DES FALSIFICATIONS

Décret du 5 octobre 1920 (1).

FRAIS DE JUSTICE CRIMINELLE

TITRE Iᵉʳ

DISPOSITIONS PRÉLIMINAIRES

Art. 1ᵉʳ. — L'administration de l'enregistrement continue, conformément aux lois en vigueur, de faire l'avance des frais de justice criminelle ; sauf pour le Trésor à poursuivre le recouvrement de ceux desdits frais qui ne sont point à la charge de l'Etat ; le tout dans la forme et selon les règles établies par le présent décret.

Art. 2. — Les frais de justice criminelle sont :

1° Les frais de translation des prévenus ou accusés, les frais de translation des condamnés pour se rendre au lieu où ils sont appelés en témoignage, mais seulement quand cette translation ne peut être effectuée par les voitures cellulaires du service pénitentiaire, les frais de transport des procédures et des pièces à conviction ;

2° Les frais d'extradition des prévenus, accusés ou condamnés ; les frais de commission rogatoire et autres frais de procédure criminelle en matière internationale ;

3° Les honoraires et indemnités qui peuvent être accordés aux experts et aux interprètes et les frais de traduction ;

4° Les indemnités qui peuvent être accordées aux témoins et aux jurés ;

5° Les frais de garde des scellés et ceux de mise en fourrière ;

6° Les droits d'expédition et autres alloués aux greffiers ;

7° Les émoluments des huissiers ;

8° Les frais de capture ;

9° Les indemnités allouées aux magistrats et greffiers au cas de transport pour exercer un acte de leur fonction dans les cas prévus au chapitre VII du titre II du présent décret ;

10° Les frais de communication postale, télégraphique, téléphonique, le port des paquets pour l'instruction criminelle ;

11ᵉ Les frais d'impression des arrêts, jugements et ordonnances de justice ;

---

(1) *Journal Officiel* du 7 octobre 1920 (*Des tirages à part de ce Décret sont en vente au bureau des Annales*).

12° Les frais d'exécution des arrêts en matière criminelle et les gages des exécuteurs ;

13° Les indemnités et secours accordés aux victimes d'erreurs judiciaires, ainsi que les frais de revision et les secours aux individus relaxés ou acquittés.

Art. 3. — Sont, en outre, assimilées aux frais de justice criminelle en ce qui concerne l'imputation, le payement et la liquidation, les dépenses qui résultent :

1° De l'application des lois sur les tribunaux pour enfants et sur la répression de la prostitution des mineurs ;

2° De l'application de la loi sur le régime des aliénés ;

3° Des procédures d'office aux fins d'interdiction ;

4° Des poursuites d'office en matière civile ;

5° Des inscriptions hypothécaires requises par le ministère public ;

6° Des avances faites en matière de faillite et de liquidation judiciaire dans les cas prévus par l'article 461 du code de commerce et l'article 24 de la loi du 4 mars 1889 ;

7° Des dispositions des lois sur l'assistance judiciaire en matière civile, commerciale et administrative ;

8° Du transport des greffes ou des archives des cours ou tribunaux ;

9° De lois spéciales ou de règlements d'administration publique et dont l'avance doit être faite par l'administration de l'enregistrement.

Art. 4. — Dans le cas où l'instruction d'une procédure pénale ou d'une procédure assimilée exigerait des dépenses extraordinaires et non prévues par l'article 2 du présent décret, elles ne pourront être faites jusqu'à concurrence de la somme de 1,000 francs qu'avec l'autorisation motivée du Procureur général et à la charge par lui d'en informer sans délai le Ministre de la Justice ; au-dessus de cette somme, l'autorisation expresse du Ministre de la Justice est nécessaire.

Il en sera de même dans le cas où le montant des dépenses ordinaires et visées par l'article 2 précité excéderait la taxe qui pourrait en être régulièrement établie en vertu des tarifs en vigueur, sous réserve que ce dépassement sera justifié par les nécessités particulières de la procédure ou les circonstances exceptionnelles de l'affaire.

TITRE II

TARIF DES FRAIS

CHAPITRE Ier

Des frais de translation des prévenus ou accusés, de transport des procédures et des pièces à conviction.

Art. 5. — Les prévenus ou accusés sont en principe transférés en chemin de fer, ou à défaut en voiture, sur la réquisition des officiers de justice.

Toutefois, suivant les circonstances, ils peuvent être conduits à pied par la gendarmerie de brigade en brigade, s'ils sont valides et âgés de plus de dix-huit ans.

Les individus qui doivent être conduits devant une cour ou un tribunal siégeant dans une ville autre que celle où ils sont détenus, pour entendre statuer, soit sur l'opposition à un jugement ou arrêt, soit sur l'appel interjeté contre un jugement, sont transférés par les voitures cellulaires du service pénitentiaire, toutes les fois que ce mode de transfèrement est possible et qu'il n'y a pas urgence à opérer le transport.

Art. 6. — Le transport en chemin de fer doit, à moins de circonstances exceptionnelles, être effectué dans un compartiment réservé d'un wagon de 3ᵉ classe.

Art. 7. — La réquisition, soit à la Compagnie de chemins de fer, soit au voiturier, doit être établie en deux exemplaires dont l'un est remis au greffier chargé de la liquidation des frais du procès et l'autre à la Compagnie de chemins de fer ou au voiturier, pour qu'ils le produisent à l'appui de leur mémoire.

Art. 8. — Lorsque l'individu, dont le transfèrement doit être opéré de brigade en brigade, prétend qu'il ne peut faire ou continuer le voyage à pied, le chef d'escorte apprécie si cette réclamation est fondée.

Art. 9. — Lorsque, dans un ressort, un département ou un arrondissement, il y a lieu de charger un entrepreneur général d'assurer le transport des prévenus ou accusés, le droit de passer le marché, conformément aux dispositions du décret du 18 novembre 1882, modifié par le décret du 23 août 1919, n'appartient qu'au Ministre de la Justice qui peut déléguer ses pouvoirs aux Procureurs généraux et aux Procureurs de la République, à charge par eux de soumettre à son approbation préalable le marché, s'il est passé de gré à gré, ou ses clauses et conditions, s'il y a lieu avec concurrence et publicité. Dans les localités où le service n'est pas assuré par un entrepreneur général, l'autorité requérante traite de gré à gré pour chaque transport avec un voiturier au mieux des intérêts du Trésor.

A défaut de voiturier acceptant le prix proposé, des réquisitions sont adressées au maire qui y pourvoit par les moyens dont il dispose.

Art. 10. — Les prévenus ou accusés peuvent se faire transporter en chemin de fer ou en voiture à leurs frais, en se soumettant aux mesures de précaution prescrites par le magistrat qui aura ordonné le transport ou par le chef d'escorte chargé de l'exécuter.

Art. 11. — Le transport des prévenus ou accusés dans l'intérieur de Paris ou dans sa banlieue, ainsi que dans les villes où cette mesure est rendue nécessaire par l'importance du service ou par l'éloignement de la prison, se fait, en principe, par voiture fermée et par un entrepreneur particulier, en vertu d'un marché passé conformément aux dispositions de l'article 9 ci-dessus.

Une convention préalable détermine, s'il y a lieu, au moment de la conclusion de chaque marché, le montant des subventions qui seront allouées par la ville et par le département.

Art. 12. — Les procédures et les pièces à conviction sont confiées aux gendarmes ou aux agents chargés de la conduite des prévenus ou accusés.

Si, en ce cas, des frais exceptionnels ont dû être avancés par les agents chargés du transport, ceux-ci, pour en obtenir le remboursement, en portent le montant sur leur mémoire.

Si à raison du poids ou du volume, les objets ne peuvent être transportés par les gendarmes ou agents, ils le sont, sur réquisition écrite du magistrat, soit par chemin de fer, soit par un entrepreneur, soit par toute autre voie plus économique, sauf les précautions convenables pour la sûreté desdits objets.

Art. 13. — Les aliments ou secours nécessaires aux prevenus ou accusés pendant leur transport leur sont fournis dans les prisons et maisons d'arrêt.

Cette dépense n'est point considérée comme faisant partie des frais généraux de justice criminelle, elle est confondue dans la masse des dépenses ordinaires des prisons et maisons d'arrêt.

Dans les lieux où il n'y a point de prison, le maire assure la fourniture des aliments et autres objets, et le remboursement en est fait aux fournisseurs comme frais généraux de justice criminelle.

Si l'individu transféré tombe malade en cours de route et doit être placé dans un hôpital, les frais d'hospitalisation sont payés conformément aux lois et règlements sur l'assistance publique.

Art. 14. — Les dépenses que les gendarmes se trouvent obligés de faire en route leur sont remboursées comme frais de justice criminelle, sur leurs mémoires détaillés, auxquels ils joignent les ordres qu'ils ont reçus pour les dépenses de nature à être ainsi constatées.

Si les gendarmes n'ont pas de fonds suffisants pour faire ces avances, il leur est délivré un mandat provisoire de la somme présumée nécessaire par le magistrat qui ordonne le transport.

Il est fait mention du montant de ce mandat sur transport.

Arrivés à destination, les gendarmes font régler définitivement leur mémoire par le magistrat devant lequel le prévenu doit comparaître.

Il est alloué aux gendarmes des frais d'escorte dans les conditions et conformément aux tarifs fixés par les règlements sur le service de la gendarmerie.

Art. 15. — Lorsque, en conformité des dispositions du code d'instruction criminelle sur le faux et dans les cas prévus notamment par les articles 452 et 454, des pièces arguées de faux ou des pièces de comparaison doivent être remises au greffe par des dépositaires publics ou particuliers, le magistrat instructeur peut ordonner : soit que le dépositaire se transportera en personne ou par mandataire au greffe du tribunal ou devant lui pour faire ce dépôt; soit que le dépositaire les remettra à tel magistrat ou tel officier de police judiciaire qu'il désigne, lequel lui délivrera un double du procès-verbal constatant cette remise.

Art. 16. — Lorsque le dépositaire ou son mandataire s'est transporté pour effectuer ce dépôt, il a droit à la taxe de comparution et aux indemnités de voyage et de séjour allouées aux témoins

CHAPITRE II

Des experts et interprètes.

SECTION I. — DES EXPERTS.

Honoraires et indemnités.

A. — RÈGLES GÉNÉRALES.

Art. 17. — Les tarifs fixés par le présent décret, en ce qui concerne les frais d'expertise, doivent être appliqués en prenant pour base la résidence des experts. Les frais de rédaction et de dépôt du rapport ainsi que de la prestation de serment, sont compris dans les indemnités fixées par ces tarifs.

Art. 18. — Les prix des opérations non tarifées par le présent décret sont fixés, dans chaque affaire, par les magistrats qui ont commis les experts, sauf le recours prévu à l'article 144 ci-après.

Art. 19. — Lorsque les experts se déplacent au delà de 2 kilomètres de leur résidence, il leur est alloué une indemnité de voyage qui est déterminée ainsi qu'il suit :

1° Si le voyage est effectué ou pouvait s'effectuer par chemin de fer, il est alloué 20 centimes par kilomètre parcouru, tant à l'aller qu'au retour;

2° Si le voyage est effectué ou pouvait s'effectuer par un service de transport en commun, il est remboursé le prix d'un voyage, d'après le tarif de ce service, tant à l'aller qu'au retour;

3° Si le voyage ne pouvait s'effectuer par l'un de ces deux moyens, l'indemnité est fixée à 60 centimes par kilomètre parcouru, tant à l'aller qu'au retour;

4° Si le voyage est effectué par mer, il est accordé, sur le vu du duplicata du billet de voyage délivré par la Compagnie de navigation, le remboursement du prix du passage et, s'il y a lieu, de la nourriture à bord, tant aller qu'au retour.

Lorsque les experts bénéficient d'un transport gratuit ou réduit à raison de leur fonction ou de leur emploi, conformément au cahier des charges de la Compagnie de transport, ou en vertu des lois en vigueur, l'indemnité de frais de voyage est diminuée du montant des avantages qui leur sont ainsi concédés.

Art. 20. — Si les experts se transportent à plus de 25 kilomètres de la commune de leur résidence, ils reçoivent une indemnité de 20 fr. pour chaque journée de séjour. Il en est de même s'ils sont retenus dans le cours de leur voyage par force majeure ou s'ils sont obligés de prolonger leur séjour au lieu où ils se sont rendus pour accomplir leur mission.

Art. 21 — Lorsque les experts sont entendus, soit devant les cours ou tribunaux, soit devant les magistrats instructeurs, à l'occasion de la mission qui leur est confiée, il leur est alloué une indemnité de 20 fr., outre leurs frais de transport et de séjour, s'il y a lieu.

Art. 22. — Lorsque les experts justifient qu'ils se sont trouvés, par suite de circonstances indépendantes de leur volonté, dans l'impossibilité de remplir leur mission, les magistrats commettants peuvent, par décision motivée, leur allouer une indemnité, en outre de leurs frais de transport, de séjour et autres déboursés, s'il y a lieu.

Art. 23. — Les experts ont droit, sur la production de pièces justificatives, au remboursement des frais de transport des pièces à conviction et de tous autres déboursés reconnus indispensables.

Art. 24. — Les magistrats commettants peuvent, sur l'avis conforme des Procureurs généraux et à charge par ceux-ci d'en informer le Ministre de la justice, autoriser les experts à toucher, au cours de la procédure, des acomptes provisionnels sur leurs débours, soit lorsqu'ils ont effectué des travaux d'une importance exceptionnelle, soit lorsqu'ils ont été dans la nécessité de faire des transports coûteux ou des avances personnelles.

B. — DISPOSITIONS SPÉCIALES.

a : *Expertises en matière de fraudes commerciales.*

Art. 25. — Il est alloué à chaque expert désigné conformément aux lois et règlements sur la répression des fraudes en matière commerciale, pour l'analyse de chaque échantillon, y compris les frais de laboratoire :

1° A Paris . . . . 60 fr.
2° Dans les villes où siège un tribunal de 1re classe. 55 »
3° Dans les autres localités . . . . 50 »

b : *Médecine légale.*

Art. 26. — Chaque médecin régulièrement requis ou commis reçoit à titre d'honoraires :

1° Pour une visite judiciaire :

A Paris. . . . . 25 fr.
Dans les villes où siège un tribunal de 1re classe. . 20 »
Dans les autres localités. . . . . 15 »

2° Pour autopsie avant inhumation :

A Paris . . . . 80 fr.
Dans les villes où siège un tribunal de 1re classe . 70 »
Dans les autres localités. . . . . 60 »

3° Pour autopsie après exhumation ou autopsie de cadavre en état de décomposition avancée :

A Paris. . . . . 130 fr.
Dans les villes où siège un tribunal de 1re classe. . 110 »
Dans les autres localités . . . . 90 »

4° Pour autopsie de cadavre de nouveau-né avant inhumation :

A Paris. . . . . 45 fr.
Dans les villes où siège un tribunal de 1re classe. . 40 »
Dans les autres localités. . . . . 35 »

5° Pour autopsie de cadavre de nouveau-né après exhumation ou autopsie de cadavre de nouveau-né en état de décomposition avancée :

> A Paris. . . . . 60 fr.
> Dans les villes où siège un tribunal de 1re classe. . 55 »
> Dans les autres localités. . . . . 50 »

6° Pour examen au point de vue mental dans les cas simples :

> A Paris. . . . . 60 fr.
> Dans les villes où siège un tribunal de 1re classe. . 50 »
> Dans les autres localités . . . . 40 »

Au cas d'expertise présentant des difficultés particulières, le magistrat commettant fixe, d'après les circonstances, la taxe qui doit être allouée :

c : *Toxicologie.*

Art. 27. — Il est alloué à chaque expert requis ou commis ainsi qu'il est dit ci-dessus :

1° Pour recherche et dosage d'oxyde de carbone dans l'air ou dans le sang :

> A Paris. . . . . 50 fr.
> Dans les villes où siège un tribunal de 1re classe. . 45 »
> Dans les autres localités. . . . . 40 »

2° Pour détermination du coefficient d'intoxication oxycarbonique :

> A Paris. . . . . 100 fr.
> Dans les villes où siège un tribunal de 1re classe. . 90 »
> Dans les autres localités. . . . . 80 »

3° Pour analyse des gaz contenus dans le sang :

> A Paris. . . . . 100 fr.
> Dans les villes où siège un tribunal de 1re classe. . 90 »
> Dans les autres localités. . . . . 80 »

4° Pour recherche et dosage d'un élément toxique minéral ou de l'acide cyanhydrique dans une subtance ou dans un organe autre que les viscères :

> A Paris. . . . . 50 fr.
> Dans les villes où siège un tribunal de 1er classe. . 45 »
> Dans les autres localités. . . . . 40 »

5° Pour recherche et dosage d'un élément toxique minéral ou de l'acide cyanhydrique dans les viscères :

> A Paris. . . . . 100 fr.
> Dans les villes où siège un tribunal de 1re classe. . 90 »
> Dans les autres localités. . . . . 80 »

6° Pour recherche avec essais physiologiques, dans une substance ou dans un organe autre que les viscères, d'un des alcaloïdes courants :

> A Paris. . . . . 50 fr.
> Dans les villes où siège un tribunal de 1re classe. . 45 »
> Dans les autres localités. . . . . 40 »

7° Pour recherche dans les viscères, avec essais physiologiques, d'un des alcaloïdes courants :

A Paris. . . . . 100 fr.
Dans les villes où siège un tribunal de 1re classe. . 90 »
Dans les autres localités. . . . . 80 »

d : *Biologie.*

Art. 28. — Il est alloué à chaque expert régulièrement requis ou commis pour la caractérisation de produits biologiques, dans les cas simples :

A Paris. . . . . 50 fr.
Dans les villes où siège un tribunal de 1re classe. . 45 »
Dans les autres localités. . . . . 40 »

Au cas de recherches plus complètes ou plus délicates, telles que la détermination de l'origine de ces produits, le magistrat commettant fixe, d'après les circonstances, la taxe qui doit être allouée.

e : *Radiographie*

Art 29. — Il est alloué à chaque expert régulièrement requis ou commis, pour radiographie.

Du pied ou du poignet . . . . 40 fr.
D'un segment de membre . . . . 60 »
D'un membre entier. . . . . 90 »
Du tronc ou du bassin . . . . 100 »

Ce tarif est uniforme qu'elle que soit la résidence de l'expert ou de l'opérateur.

f : *Identité judiciaire.*

Art. 30. — Il est alloué à chaque expert régulièrement requis ou commis:

1° Pour examen d'empreintes, sans comparaison avec des empreintes autres que celle de la victime :

A Paris. . . . . 40 fr.
Dans les villes où siège un tribunal de 1re classe . . 35 »
Dans les autres localités . . . . 30 »

2° Pour examen d'empreintes, avec comparaison avec des traces re-recueillies ou avec des empreintes autres que celles de la victime :

A Paris. . . . . 120 fr.
Dans les villes où siège un tribunal de 1re classe. . 110 »
Dans les autres localités. . . . . 100 »

3° Pour photographie métrique et relevé topographique des lieux du crime :

A Paris . . . . 120 fr.
Dans les villes où siège un tribunal de 1re classe. . 110 »
Dans les autres localités. . . . . 100 »

SECTION II. — DES INTERPRÈTES TRADUCTEURS.

Art. 31. — Les traductions par écrit sont payées, pour chaque page de 28 lignes et de 14 à 16 syllabes à la ligne :

A Paris.	3 fr.
Dans les villes où siège un tribunal de 1re classe. .	2 75
Dans les autres localités.	2 50

Une page commencée est comptée pour une page entière si elle se compose d'au moins 15 lignes et pour une demi-page si elle contient moins de 15 lignes.

Au cas de traductions particulièrement difficiles, les magistrats commettants peuvent accorder le supplément de rétribution qui leur semble justifié.

Lorsque les interprètes traducteurs sont appelés devant les officiers de police judiciaire ou leurs auxiliaires, devant les juges d'instruction ou devant les juridictions répressives pour faire des traductions orales, il leur est alloué :

1° Pour la première heure de présence, qui est toujours due en entier :

A Paris.	5 fr.
Dans les villes où siège un tribunal de 1re classe .	4 »
Dans les autres localités.	3 »

2° Par demi-heure supplémentaire, due en entier dès qu'elle est commencée :

2 fr., 1 fr. 75 ou 1 fr. 50 suivant la distinction ci-dessus.

Les interprètes traducteurs ont droit, en outre, aux mêmes indemnités de transports et de séjour que les experts.

CHAPITRE III

Des indemnités qui peuvent être accordées aux témoins et aux Jurés.

SECTION I. — TÉMOINS.

§ 1er — *Règles générales*

Art. 32 — Il peut être accordé aux témoins, s'ils le requièrent :

1° Une indemnité de comparution ;

2° Des frais de voyage ;

3° Une indemnité de séjour forcé.

Art. 33. — Les indemnités accordées aux témoins ne sont avancées par le Trésor qu'autant qu'ils ont été cités ou appelés, soit à la requête du ministère public, soit en vertu d'une ordonnance rendue d'office dans les cas prévus par les articles 269 et 303 du code d'instruction criminelle, et 30 de la loi du 22 janvier 1851.

Art. 34. — Les témoins cités ou appelés à la requête, soit des accusés soit des parties civiles, reçoivent les indemnités ci-dessus mentionnées ; elles leur sont payées par ceux qui les ont appelés en témoignage.

Art. 35. — Les témoins de l'un ou de l'autre sexe qui reçoivent un traitement quelconque, à raison d'un service public, n'ont droit qu'au remboursement des frais de voyage et de séjour forcé, s'il y a lieu, conformément aux dispositions des articles ci-après.

Toutefois, ont droit à l'indemnité de comparution :

1° Les gardes-champêtres et forestiers ;

2° Les gardes-pêche ;

3° Les gendarmes ;

4° Les facteurs des postes et tout agents et employés qui sont tenus par les lois et règlements de se faire remplacer à leurs frais lorsqu'ils sont appelés en témoignage.

Art. 36. — Les militaires des armées de terre et de mer, en activité de service, lorsqu'ils sont appelés en témoignage, n'ont droit à aucune taxe ni à aucune indemnité payables sur les fonds de justice criminelle, pour frais de voyage et de séjour, à moins qu'ils ne soient cités au lieu de leur domicile pendant qu'ils sont en congé ou en permission, et qu'à la date de leur comparution ce congé ou cette permission soit encore en cours.

Art. 37. — Les magistrats sont tenus d'énoncer dans les mandats qu'ils délivrent au profit des témoins que la taxe a été requise.

§ 2. — *Indemnité de comparution*

Art. 38. — Les témoins de l'un ou de l'autre sexe, appelés à déposer, soit à l'instruction, soit devant les cours et tribunaux statuant en matière criminelle, correctionnelle ou de simple police, reçoivent une indemnité de comparution qui est fixée ainsi qu'il suit :

A Paris.	8 fr.
Dans les villes où siège un tribunal de 1re classe.	6 »
Dans les autres localités.	4 »

Art. 39. — Les enfants au-dessus de l'âge de quinze ans, appelés en témoignage dans les conditions prévues par l'article 38, reçoivent, savoir :

A Paris.	4 fr.
Dans les villes où siège un tribunal de 1re classe.	3 »
Dans les autres localités,	2 »

Lorsque ce mineur est accompagné par une personne sous l'autorité de laquelle il se trouve, ou par son délégué, cette personne a droit à l'indemnité prévue par l'article 38.

Art. 40. — Lorsqu'il est constaté qu'un témoin, à raison de ses infirmités, a dû être accompagné par un tiers, celui-ci a droit à l'indemnité prévue par l'article 38 ou par l'article 39.

Art. 41. — Tout témoin a droit à l'indemnité prévue par les articles 38, 39 et 40, alors même qu'il lui est alloué une indemnité pour frais de voyage et de séjour forcé.

§ 3. — *Frais de voyage et de séjour forcé.*

Art. 42. — Lorsque, pour répondre à la citation ou à la convocation qui leur a été adressée, des témoins sont obligés de se transporter à plus de 4 kilomètres de la commune de leur résidence ils reçoivent une indemnité fixée ainsi qu'il suit : ·

1° Si le voyage s'est effectué ou pouvait s'effectuer en chemin de fer, il est alloué au témoin 15 centimes par kilomètre parcouru, tant à l'aller qu'au retour ;

2° Si le voyage s'est effectué ou pouvait s'effectuer par un service de transport en commun, il est remboursé le prix d'un voyage d'après le **tarif** de ce service, tant à l'aller qu'au retour ;

3° Si le voyage ne pouvait s'effectuer par l'un de ces deux moyens, l'indemnité est fixé à 60 centimes par kilomètre parcouru, tant à l'aller qu'au retour ;

4° **Si** le voyage est effectué par mer, il est accordé aux témoins, sur le vu du duplicata du billet de voyage délivré par la Compagnie de navigation, le montant d'un billet d'aller et retour en 2ᵉ classe.

Art. 43. — Lorsque, à raison de leurs fonctions ou de leur emploi, des témoins bénéficient, en vertu du cahier des charges de la Compagnie de chemin de fer, de transport en commun ou de navigation, ou en vertu des lois en vigueur, d'un transport gratuit ou réduit, leur indemnité de frais de voyage est réduite du montant des avantages qui leur sont ainsi concédés.

Art. 44. — Lorsqu'un témoin se trouve hors d'état de subvenir aux frais de son déplacement, il lui est délivré, s'il le requiert, par le président du tribunal de son arrondissement, ou par le juge de paix du canton de sa résidence, un mandat provisoire acompte sur ce qui pourra lui revenir pour son indemnité.

Cette avance peut être égale au prix d'un billet d'aller et retour, quand le voyage s'effectue par un chemin de fer ou par un service de transports qui délivre des billets d'aller et retour payables intégralement au moment du départ ; dans les autres cas, elle ne doit pas excéder la moitié du montant de l'indemnité.

Le receveur de l'enregistrement qui paye ce mandat mentionne l'acompte en marge ou au bas, soit de la copie de la citation, soit de l'avertissement remis au témoin.

Art. 45. — Si des témoins sont obligés de prolonger leur séjour dans la ville où se fait l'instruction et qui n'est pas celle de leur résidence, il leur est alloué, pour chaque journée de ce séjour forcé :

A Paris. . , ...	10 fr.
Dans les villes où siège un tribunal de 1ʳᵉ classe. .	8 »
Dans les autres localités.	6 »

Art. 46. — Pareille indemnité pour chaque journée de séjour forcé est accordé aux témoins : 1°. s'ils sont arrêtés au cours de leur voyage par un cas de force majeure dûment constaté ; 2°. si, devant effectuer une traversée par mer, ils sont retenus au port d'embarquement jusqu'au départ du plus prochain paquebot ; 3°. si, pour être présents aux jours et heures fixés, et à raison des horaires des services de transport dont ils ont dû user, ils ont été forcés d'arriver avant la date indiquée pour leur comparution.

Dans tous les cas, ils sont tenus de faire constater, par le juge de paix, ou par le maire ou l'un de ses adjoints ou par le commissaire de police du lieu où ils sont retenus, la cause et la durée de leur séjour forcé.

Lorsque l'indemnité est allouée à raison d'un séjour forcé survenant dans le cours du voyage de retour, il est délivré, sur le vu du certificat ci-dessus prescrit, une taxe supplémentaire par l'autorité de laquelle émane la première taxe.

Art. 47. — Les mêmes indemnités de voyage et de séjour forcé sont accordées aux personnes qui accompagnent des mineurs de quinze ans ou des témoins malades ou infirmes, dans les conditions prévues par les articles 39 et 40 du présent décret.

Section II. — Membres du jury criminel.

Art 48. — Il est accordé aux membres du jury criminel, s'ils le requièrent :

1° Quel que soit le lieu de leur résidence, une indemnité de session ;

2° Lorsque le lieu de leur résidence est situé à plus de 4 kilomètres de la ville où siège la cour d'assises : une indemnité de séjour pendant la durée de la session, des frais de voyage et, le cas échéant, une indemnité de séjour forcé en cours de route.

Art. 49. — L'indemnité de session est fixée, pendant la durée de la session, et pour chaque jour :

A Paris, à . . . . 10 fr,
Dans les villes où siège un tribunal de 1re classe à . . 9 »
Dans les autres villes à . . . . 8 »

Art. 50. — L'indemnité de séjour est fixée :

A Paris à . . . . 16 fr.
Dans les villes où siège un tribunal de 1re classe à . 14 »
Dans les autres villes à . . . . 12 »

Art. 51. — L'indemnité de voyage est déterminé ainsi qu'il suit :

1° Si le voyage est effectué ou pouvait s'effectuer en chemin de fer, il est alloué 20 centimes par kilomètre parcouru tant à l'aller qu'au retour ;

2° Si le voyage est effetué ou pouvait s'effectuer par un service de transport en commun, il est remboursé le prix d'un voyage, d'après le tarif de ce service, tant à l'aller qu'au retour ;

3° Si le voyage ne pouvait s'effectuer par l'un de ces deux moyens, l'indemnité est fixéee à 60 centimes par kilomètre parcouru en allant et eu revenant ;

4° Si le voyage est effectué par mer, il est accordé aux jurés, sur le vu du duplicata du billet de voyage délivré par la Compagnie de navigation, le remboursement du prix de leur passage tant à l'aller qu'au retour.

Lorsque les jurés bénéficient d'un transport gratuit ou réduit à raison de leur fonction ou de leur emploi, conformément au cahier des charges de la Compagnie de transport, ou en vertu des lois en vigueur, leur indemnité de frais de voyage est diminuée du montant des avantages qui leur sont ainsi concédés.

Art. 52. — L'indemnité de séjour forcé en cours de route est calculée d'après le tarif établi par l'article 50 ci-dessus. Elle est alloué aux jurés :

1° S'ils sont arrêtés au cours de leur voyage par un cas de force majeure dûment constaté ;

2° Si, devant effectuer une traversée par mer, ils sont retenus au port d'embarquement jusqu'au départ du plus prochain paquebot.

Si, pour être présents aux jours et heures fixés, et à raison des horaires des services de transport dont ils ont dû user, ils ont été forcés d'arriver avant la date indiquée pour l'ouverture de la session.

Art. 53. — Les indemnités de session et de séjour pendant la durée de la session sont dues pour chaque journée où le juré titulaire ou supplémentaire a été présent à l'appel pour concourir à la formation du jury de jugement.

Les jurés complémentaires n'ont droit à l'indemnité de session que s'ils ont été inscrits sur la liste de service.

Les jurés qui reçoivent un traitement quelconque d'une administration publique n'ont pas droit à l'indemnité de session.

Art. 54. — Le président de la cour d'assises délivre, jour par jour, aux membres du jury criminel qui en font la demande, les taxes correspondant aux indemnités journalières auxquelles ils ont droit.

Mention de ces taxes partielles est faite sur la copie de la notification, pour être ensuite déduite de la taxe définitive.

Art. 55. — Lorsqu'un juré se trouve hors d'état de subvenir aux frais de son déplacement, il lui est délivré, s'il le requiert, par le président du tribunal de son arrondissement ou par le juge de paix de sa résidence, un mandat provisoire à compte sur ce qui lui revient pour son indemnité. Cette avance ne doit pas excéder le montant des frais de voyage à l'aller.

Le receveur de l'enregistrement, qui paye ce mandat, mentionne l'acompte en marge ou au bas de la notification faite au juré, en exécution de l'article 389 du code d'instruction criminelle.

CHAPITRE IV

Des frais de garde des scellés et de mise en fourrière.

Art. 56. — Dans les cas prévus par les articles 16, 35, 37, 38, 89, et 90 du code d'instruction criminelle, il n'est accordé de taxe pour garde des scellés que lorsque le juge d'instruction n'a pas jugé à propos de confier cette garde à des habitants de l'immeuble où les scellés ont été apposés.

Dans ce cas, il est alloué pour chaque jour au gardien ou à la gardienne, nommés d'office, savoir :

A Paris, 4 fr.

Dans les villes où siége un tribunal de 1re classe, 3 fr.

Dans les autres localités, 2 fr.

Art. 57. — Les animaux et tous les objets périssables, pour quelque cause qu'ils soient saisies, ne peuvent rester en fourrière ou sous le séquestre plus de huit jours.

Après ce délai, la mainlevée provisoire doit, en principe, être accordée.

S'ils ne doivent, ou ne peuvent être restitués, ils sont mis en vente, et les frais de fourrière sont prélevés sur le produit de la vente par privilège et de préférence à tous autres.

Art. 58. — La mainlevée provisoire de la mise sous séquestre des animaux et des objets périssables est ordonnée par le juge de paix ou par le juge d'instruction, moyennant caution et le payement des frais de fourrière et de séquestre.

Si lesdits animaux ou objets doivent être vendus, la vente est ordonnée par les mêmes magistrats.

Cette vente est faite à l'enchère au marché le plus voisin à la diligence de l'administration de l'enregistrement.

Le jour de la vente est indiqué par affiche, vingt-quatre heures à l'avance, à moins que la modicité de l'objet ne détermine le magistrat à en ordonner la vente sans formalité, ce qu'il exprime dans son ordonnance.

Le produit de la vente est versé dans la caisse de l'administration de l'enregistrement, pour en être disposé ainsi qu'il est ordonné par le jugement définitif.

CHAPITRE V

Des droits d'expédition et autres alloués aux greffiers.

§ 1er. — Dispositions générales.

Art. 59. — Indépendamment du traitement fixe qui leur est accordé par les lois et règlement, il est alloué aux greffiers des cours d'appel et des tribunaux correctionnels et de simple police, suivant les cas :

1° Des droits d'expédition ;

2° Des droits pour rédaction d'états ou relevés ;

3° Des droits fixes pour la délivrance d'extraits ;

4° Des indemnités.

Art. 60. — Il n'est rien alloué aux greffiers pour les écritures qu'ils sont tenus de faire sous la dictée ou l'inspection des magistrats, ni pour la minute d'aucun acte quelconque, non plus aussi que pour les simples renseignements qui leur seront demandés par le ministère public.

Art. 61. — Les greffiers et leurs commis ne peuvent, pour quelque cause et sous quelque prétexte que ce soit, exiger d'autres ou de plus forts droits que ceux qui leur sont alloués par le présent décret.

Art. 62. — Les greffiers ne délivrent aucune expédition ou copie, susceptible d'être taxée par rôle, ni aucun extrait, sans les avoir soumis à l'examen du Procureur général ou du Procureur de la République, suivant le cas. Ce magistrat en fait prendre note sur un registre tenu au Parquet et vise, en outre, les expéditions.

§ 2. — Expéditions.

a : Délivrance des expéditions.

Art. 63. — Dans le cas de renvoi des accusés, soit devant un autre juge d'instruction, soit devant une autre cour d'assises, s'ils ont déjà reçu la copie des pièces prescrites par l'article 305 du code d'instruction criminelle, il ne peut leur être délivré une nouvelle copie payée sur les frais généraux de justice criminelle.

Mais tout accusé, renvoyé devant la cour d'assises, peut se faire délivrer à ses frais une expédition des pièces de la procédure, même de celles qui ne sont pas comprises dans la copie délivrée gratuitement.

Le même droit appartient à la partie civile et aux personnes civilement responsables.

Art. 64. — En matière correctionnelle ou de simple police, il peut être délivré aux parties et à leurs frais :

1° Sur leur demande, expédition de la plainte ou de la dénonciation et des ordonnances définitives ;

2° Avec l'autorisation du Procureur général, expédition de toutes les autres pièces de la procédure.

Art. 65. — En matière criminelle, correctionnelle ou de simple police, aucune expédition autre que celle des arrêts et jugements définitifs, ne peut être délivré à un tiers, sans une autorisation du Procureur général.

Dans les cas, prévus par le présent article et par l'article précédent, si l'autorisation n'est pas accordée, le Procureur général doit notifier sa décision en forme administrative et faire connaître les motifs du refus.

Art. 66. — Toutes les fois qu'une procédure en matière criminelle, correctionnelle ou de simple police est transmise à quelque cour ou tribunal que ce soit, ou au ministère de la justice, la procédure et les pièces sont envoyées en minutes, à moins que le Ministre de la justice ne désigne des pièces pour être expédiées par copies ou par extraits.

Art. 67. — Dans tous les cas, où il y a envoi des pièces d'une procédure, le greffier est tenu d'y joindre un inventaire, qu'il dresse sans frais, ainsi qu'il est prescrit par l'article 423 du code d'instruction criminelle.

Art. 68. — Sont seuls expédiés dans la forme exécutoire les arrêts, jugement et ordonnances de justice que les parties ou le ministère public demandent dans cette forme.

Art. 69. — Ne doivent pas être insérés dans la rédaction des arrêts et jugements les réquisitoires ou plaidoyers prononcés, soit par le ministère public, soit par les défenseurs des prévenus ou accusés, mais seulement leurs conclusions.

b : Droits d'expédition.

Art. 70. — Des droits d'expédition sont dus, en principe, pour tous les jugements et arrêts et, en outre, pour tous les actes et pièces dont il est fait mention, notamment dans les articles 31, 65, 80, 81, 86, 128, 129, 130, 203, 248, 305, 358, 415, 417, 452, 454, 455, 456, 465, 481 et 601 du code d'instruction criminelle.

Art. 71. — Les droits d'expédition, dus aux greffiers des cours et tribunaux, sont fixés à 1 fr. 20 par rôle de 28 lignes à la page et de 14 à 16 syllabes à la ligne.

Toute fraction d'un rôle commencé est comptée pour un rôle entier, si elle est supérieure à un demi-rôle ; sinon elle n'est comptée que pour un demi-rôle.

Art. 72. — Il n'est alloué que deux rôles au maximum, à moins que le Procureur de la République ou le juge de paix, suivant le cas, n'ait fait connaître par un avis motivé qu'il y a eu nécessité de dépasser cette limite : 1° pour les jugements correctionnels rendus en matière de chasse, de pêche. de vagabondage et de mendicité ; 2° pour les jugements rendus en matière de simple police.

Art. 73. — Ne sont pas payées par rôles et sont rétribuées moyennant un droit fixe de 1 fr. les expéditions des déclarations d'opposition, d'appel ou de pourvoi en cassation reçues au greffe.

Art. 74. — Les droits d'expédition ne sont dus que lorsque les expéditions sont demandées, soit par les parties qui en requièrent la délivrance à leurs frais, soit par le ministère public. Dans ce dernier cas, le Trésor en fait l'avance, s'il n'y a pas de partie civile ou que la partie civile a obtenu l'assistance judiciaire.

Le ministère public ne doit requérir des expéditions que dans les cas indispensables.

Il n'est rien dû aux greffiers lorsque la notification, signification ou communication est faite sur la minute ainsi qu'il est dit dans l'article 66.

c : Expéditions délivrées par les gardiens chefs des maisons d'arrêt.

Art. 75. — Il est alloué un droit fixe de 1 fr. au gardien chef de la maison d'arrêt pour l'expédition de l'acte d'écrou qui doit être jointe au dossier, soit dans le cas prévu par l'article 421 du code d'instruction criminelle, soit pour assurer l'exécution des dispositions de la loi du 27 mai 1885 sur la relégation.

§ 3. — *Etats et relevés.*

Art. 76. — Il est alloué au greffier :

1° Pour l'établissement du relevé du registre tenu en exécution de l'article 600 du code d'instruction criminelle qui doit être envoyé trimestriellement au Ministre de l'intérieur, un droit de 20 centimes par article du registre ;

2° Pour l'établissement de l'état annuel les récidives un droit de 20 centimes par nom porté sur cet état.

3° Pour l'établissement du bordereau d'envoi à la trésorerie des titres de perception, une rétribution de 10 centimes par article.

Art. 77. — La rédaction des états de liquidation des dépens et exécutoires supplémentaires ne donne droit à aucune allocation.

Ces états et exécutoires doivent être joints en minutes aux pièces de la procédure ; mais l'orsqu'il est nécessaire d'en délivrer copie, celle-ci est payée au greffier à raison de 10 centimes par article.

§ 4. — *Extraits.*

Art. 78. — Dans tous les cas où les lois et règlements n'exigent pas la production d'une expédition, le ministère public ne doit faire délivrer que des extraits des arrêts, jugements et ordonnances.

Art. 79. — Il n'est dû aux greffiers pour la délivrance des extraits qu'un droit fixe, quel que soit le nombre de rôles de chaque extrait.

Art. 80. — Le droit fixe est de 1 fr. pour chaque extrait d'arrêt, jugement ou ordonnance.

Ce droit est réduit à 25 centimes :

1° Pour les extraits délivrés en matière forestière ;

2° Pour les extraits délivrés en matière de simple police ;

3° Pour tous extraits délivrés à l'administration des finances pour le recouvrement des condamnations pécuniaires.

Art. 81. — Le prix des bulletins du casier judiciaire est fixé ainsi qu'il suit :

1° Bulletins n° 1 :

Bulletins destinés à être classés dans les casiers judiciaires 0f.60
Duplicata de bulletins n° 1 . . . . 0.25

2° Bulletins n° 2 :

Réclamés par les magistrats du Parquet ou de l'instruction, par les juges de paix, par les autorités militaires ou maritimes pour les jeunes gens qui demandent à contracter un engagement volontaire, par les administrations publiques de l'Etat, par le préfet de police, par les présidents des tribunaux de commerce, par les sociétés de patronage reconnues d'utilité publique ou spécialement autorisées à cet effet, 40 centimes.

Réclamés pour l'exercice des droits politiques :

S'ils sont affirmatifs 0f.40
S'ils sont négatifs 0.25

Réclamés par les autorités militaires ou maritimes pour les appels des classes et de l'inscription maritime :

S'il a été délivré un bulletin affirmatif 0f 25
Pour chaque nom en regard duquel a été portée la mention « néant » sur les états dressés par ces mêmes autorités 0.10

3° Bulletins n° 3 :

Délivrés à tous requérants :
Droit de recherche 0f 50
Droit de rédaction 0.50
Droit d'inscription au répertoire 0.40

Total 1f.40

non compris le droit d'enregistrement.

Délivrés aux personnes qui sollicitent leur hospitalisation dans un établissement public d'assistance et dont la demande est visée par le directeur de cet établissement . . . . 0 fr. 25

Art. 82. — Il est alloué aux greffiers des juridictions correctionnelles ou de simple police un émolument de 60 centimes pour la rédaction des bulletins destinés au casier spécial d'ivresse.

§ 5. — *Indemnités.*

Art. 83. — Au cas d'exécution d'un arrêt portant condamnation à mort, le greffier de la cour, du tribunal ou de la justice de paix du lieu de l'exécution est tenu d'y assister, d'en dresser procès-verbal et de faire parvenir à l'officier de l'état civil les renseignements prescrits par le code civil.

Art. 84. — Il est alloué aux greffiers, pour tout droit d'assistance, transcription du procès-verbal au bas de l'arrêt et déclaration à l'officier de l'état civil, une indemnité fixe de 20 fr.

Art. 85. — Des indemnités de transport sont allouées aux greffiers qui accompagnent les magistrats, conformément à l'article 111 du présent décret.

CHAPITRE VI

Des émoluments et indemnités alloués aux huissiers et aux agents de la force publique.

§ 1er. — *Service d'audience des huissiers.*

Art. 86. — Les huissiers ne reçoivent aucun traitement fixe ; il leur est accordé des émoluments à raison des actes confiés à leur ministère.

Art. 87. — Par dérogation au principe posé dans l'article précédent, il est payé une indemnité annuelle de 3.000 fr. à chacun des six huissiers audienciers chargés du service de la cour d'assises de la Seine.

§ 2. — *Citations et significations.*

Art. 88. — Il est alloué aux huissiers :

1° Pour toutes citations en matière criminelle ou correctionnelle, pour la signification des mandats de comparution, pour toutes significations ou notifications d'ordonnances, jugements et arrêts et de tous autres actes ou pièces en matière criminelle ou correctionnelle.

Pour l'original . . . . 1 50 »
Pour chaque copie . . . . 1 »

2° Pour toutes citations, significations ou notifications en matière de simple police :

Pour l'original . . . . 1 »
Pour chaque copie . . . . 0 75 »

Art. 89. — Il est alloué en outre aux huissiers, dans tous les cas où est requise en matière criminelle, correctionnelle ou de simple police la formalité prescrite par l'article 68 du code de procédure civile, modifié par la loi du 15 février 1899, pour chaque copie remise sous enveloppe, 10 centimes.

Art. 90. — Lorsqu'il n'a pas été délivré au ministère public d'expéditions des actes ou jugements à signifier, les significations sont faites par les huissiers sur les minutes qui leur sont confiées par les greffiers contre récépissé, à la charge par eux de les rétablir au greffe dans les vingt-quatre heures qui suivent la signification.

Lorsqu'un acte ou jugement a été remis en expédition au ministère public, la signification est faite sur cette expédition sans qu'il en soit délivré une seconde pour cet objet.

Les copies de tous les actes, jugements et pièces à signifier sont toujours faites par les huissiers ou leurs clercs.

Art. 91. — Lorsqu'il doit être donné copié de certaines pièces, il est alloué pour cette copie un droit fixé, par chaque rôle d'écriture de 30 lignes à la page et de 18 à 20 syllabes à la ligne, non compris le premier rôle, à 75 centimes.

Toute fraction d'un rôle commencé est compté pour un rôle entier, si elle est supérieure à un demi-rôle ; sinon, elle n'est comptée que pour un demi-rôle.

Art. 92. — Il n'est alloué qu'un rôle au maximum, déduction faite du premier, à moins que le procureur de la République ou le juge de paix, suivant le cas, n'ait fait connaître par un avis motivé qu'il y a eu nécessité de dépasser cette limite : 1° pour les jugements correctionnels rendus en matière de chasse, de pêche, de vagabondage et de mendicité ; 2° pour les jugements rendus en matière de simple police.

Art. 93. — Les procureurs de la République et les juges d'instruction ne peuvent user, si ce n'est pour des causes graves, de la faculté qui leur est accordée par la loi du 15 pluviôse an XIII, de charger un huissier d'instrumenter hors du canton de sa résidence ; ils sont tenus de dénoncer ces causes dans leur mandement, lequel contient, en outre, le nom de l'huissier, la désignation du nombre et de la nature des actes et l'indication du lieu où ils doivent être mis à exécution.

Le mandement est toujours joint au mémoire de l'huissier.

Art. 94. — Il n'est alloué aucune taxe aux agents de la force publique à raison des citations, notifications et significations dont ils sont chargés par les officiers de police judiciaire et par le ministère public.

§ 3. — Exécution des mandats d'amener, de dépôt et d'arrêt. —
Capture en exécution d'une ordonnance de prises de corps,
d'un jugement ou arrêt.

Art. 95. — L'exécution des mandats d'amener, de dépôt et d'arrêt, des ordonnances de prises de corps, des arrêts et jugements de condamnation est confiée aux gendarmes, aux garde-champêtres et forestiers, inspecteurs de la sûreté générale et de la sûreté, ainsi qu'aux agents de police.

Art. 96. — Il est alloué aux gendarmes, gardes champêtres et forestiers, inspecteurs de la sûreté générale et de la sûreté, ainsi qu'aux agents de police pour l'exécution des mandats d'amener, une indemnité de 8 fr.

Art. 97. — Il est alloué aux gendarmes, gardes champêtres et forestiers, inspecteurs de la sûreté générale et de la sûreté, ainsi qu'aux agents de police pour capture ou saisie de la personne, en exécution :

1° D'un jugement de simple police ou d'un jugement ou arrêt correctionnel prononçant une peine d'emprisonnement n'excédant pas cinq jours, 5 fr. ;

2° D'un mandat d'arrêt ou d'un jugement ou arrêt en matière correctionnelle emportant peine d'emprisonnement de plus de cinq jours, 18 fr.

3° D'une ordonnance de prise de corps ou d'un arrêt portant la peine de la réclusion, 21 fr. ;

4° D'un arrêt de condamnation aux travaux forcés ou à une peine plus forte, 30 fr.

Art. 98. — Les indemnités prévues par les articles 96 et 97 ci-dessus ne sont dues qu'autant qu'il y a eu exécution forcée et que l'arrestation a nécessité des recherches spéciales dûment constatées.

Il n'y a pas lieu de distinguer au point de vue du droit à l'allocation suivant que l'agent qui a opéré l'arrestation était porteur du mandat ou de l'extrait de jugement ou d'arrêt, ou avait été simplement avisé de l'existence de cette pièce par une circulaire ou par une insertion à un bulletin de police.

La gratification la plus élevée est seule accordée, si le prévenu, accusé ou condamné, était sous le coup de plusieurs mandats, ordonnances de prises de corps, arrêts ou jugements de condamnation.

§ 4. — *Exécution des arrêts de contumace et de certains arrêts criminels.*

Art. 99. — Pour la publication à son de trompe ou de caisses et les affiches de l'ordonnance qui, aux termes des articles 465 et 466 du code d'instruction criminelle, doit être rendue et publiée contre les accusés contumaces, y compris le procès-verbal de la publication, il est alloué aux huissiers une indemnité de 18 fr.

Sont à la charge des huissiers les frais nécessités pour effectuer la publication à son de trompe ou de caisse.

Art. 100. — Il est alloué aux huissiers, pour l'apposition de chacun des trois extraits de l'arrêt de condamnation par contumace qui doit être affiché, conformément à l'article 472 du code d'instruction criminelle et pour la rédaction du procès-verbal constatant l'accomplissement de cette formalité, un droit de 3 fr.

Art. 101. — Il est alloué à l'huissier pour la lecture de l'arrêt de condamnation à mort d'un parricide, prescrite par l'article 13 du code pénal, un droit de 30 fr.

§ 5. — *Frais de voyage et de séjour forcé.*

Art. 102. — Lorsque les huissiers se transportent à plus de 2 kilomètres de la commune de leur résidence pour y accomplir des actes de leur ministère, il leur est alloué une indemnité de voyage qui est déterminée ainsi qu'il suit :

1° Si le voyage est effectué ou pouvait s'effectuer par chemin de fer, il est alloué 20 centimes par kilomètre parcouru, tant à l'aller qu'au retour ;

2° Si le voyage est effectué ou pouvait s'effectuer par un service de transport en commun, il est remboursé le prix d'un voyage, d'après le tarif de ce service, tant à l'aller qu'au retour ;

3° Si le voyage ne pouvait s'effectuer par l'un de ces deux moyens, l'indemnité est fixée à 60 centimes par kilomètre parcouru tant à l'aller qu'au retour ;

4° Si le voyage est effectué par mer, il est accordé, sur le vu du duplicata du billet de voyage délivré par la Compagnie de navigation, le remboursement du prix du passage tant à l'aller qu'au retour.

Lorsqu'il est accordé par les lois en vigueur un tarif de transport réduit, l'indemnité de frais de voyage est diminué du montant des avantages qui sont ainsi concédés.

Il ne sera dû aucun transport dans les limites des villes telles qu'elles sont actuellement fixées.

Art. 103. — Si les huissiers sont arrêtés au cours de leur transport par un cas de force majeure dûment constaté, il leur est alloué pour chaque journée de séjour forcé :

A Paris. . . . . 10 fr.
Dans les villes où siège un tribunal de 1re classe. . 8 »
Dans les autres localités. . . . . 6 »

§ 6. — *Dispositions générales.*

Art. 104. — Pour faciliter la vérification de la taxe des mémoires des huissiers, il est tenu au parquet de chaque cour et tribunal un registre des actes de ces officiers ministériels. Chaque affaire y est sommairement désignée et en marge ou à la suite de cette désignation sont relatés, par ordre de dates, l'objet et la nature des diligences à mesure qu'elles sont faites, ainsi que le montant des émoluments qui y sont affectés.

Art. 105. — Les procureurs généraux et les procureurs de la République examinent en même temps les écritures, afin de s'assurer qu'elles comprennent le nombre de lignes à la page, et de syllabes à la ligne prescrit par l'article 94, et ils réduisent au taux convenable le prix des écritures qui ne seraient pas dans la proportion établie par ledit article.

Art. 106. — Tout huissier qui refusera d'instrumenter dans une procédure suivie à la requête du ministère public ou de faire le service auquel il est tenu près la cour ou le tribunal, et qui, après injonction à lui faite par le procureur général ou le procureur de la République, persistera dans son refus, sera destitué, sans préjudice de tous dommages-intérêts et des autres peines qu'il aura encourues.

Art. 107. — Les huissiers ne peuvent, pour quelque cause et sous quelque prétexte que ce soit, exiger d'autres ou de plus forts droits que ceux qui leur sont alloués par le présent décret.

CHAPITRE VII

Indemnités de transport et de séjour accordées aux magistrats et aux greffiers.

Art. 108. — Les seuls frais de voyage et de séjour alloués aux magistrats et aux greffiers sur les fonds de justice criminelle sont ceux nécessités :

1° Par les transports effectués en matière criminelle ou correctionnelle dans les cas prévus par le code d'instruction criminelle, notamment par les articles 32, 36, 43, 46, 47, 49, 50, 51, 52, 59, 60, 62, 83, 84, 87, 88, 90, 236, 377, 464, 488, 497, 511, et 616, ou par des lois spéciales ;

2° Par les transports des juges de paix pour l'établissement de la liste annuelle du Jury ;

3° Par les transports des magistrats de la cour d'appel qui siègent comme présidents ou assesseurs dans une cour d'assises tenue hors du chef-lieu du ressort et du procureur général ou de ses substituts qui vont y porter la parole, sans qu'il y ait lieu de distinguer entre les sessions ordinaires et extraordinaires ;

4° Par le transport d'un magistrat pour recevoir la déclaration de nationalité souscrite par un détenu ou pour lui en notifier le refus pour cause d'indignité ;

5° Par le transport du procureur de la République sur l'ordre du procureur général pour procéder à la vérification des greffes ou à celle des registres de l'état civil ;

6° Par le transport des magistrats, pour visiter les établissements d'aliénés et les prisons ;

7° Par le transport des magistrats, en vertu de l'article 496 du code civil pour interroger un individu dont l'interdiction est poursuivie d'office, et qui ne peut se présenter devant la chambre du conseil du tribunal.

Art. 109. — Ne sont pas imputables sur les fonds de justice criminelle, et sont ordonnancés directement par le service de la comptabilité du ministère de la justice, tous autres frais de voyage et de séjour, notamment ceux alloués :

1° Aux magistrats chargés de compléter un tribunal autre que celui de leur résidence ;

2° Aux magistrats délégués d'une manière permanente pour assurer le service du parquet ;

3° Aux magistrats chargés de constater l'état d'un magistrat qui invoque des infirmités graves et permanentes pour être admis à la retraite anticipée ;

4° Aux délégués du Ministre de la Justice et aux chefs des cours d'appel qui, en vertu des instructions de la chancellerie, vont hors de leur résidence surveiller et inspecter des services judiciaires ou procéder à des enquêtes ;

5° Aux chefs de cours mandés spécialement à la chancellerie pour affaires de service et aux magistrats appelés par les chefs de la cour ou du tribunal, dans les cas strictement indispensables pour la bonne administration de la justice.

Art. 110. — Dans les cas prévus par l'article 108-1°, les indemnités allouées par les articles 112 et 113 sont dues, soit que le transport ait été effectué spontanément ou par délégation en exécution d'une commission rogatoire, soit qu'il s'agisse d'une information régulière ou d'une enquête officieuse ordonnée par l'autorité supérieure compétente.

Art. 111. — Le greffier ou le commis greffier qui accompagne le juge ou l'officier du ministère public reçoit les mêmes indemnités que ce magistrat.

Art. 112. — Les magistrats qui se transportent à plus de 2 kilomètres de la commune de leur résidence, dans les cas prévus par l'article 108 du présent décret, reçoivent :

Pour les voyages en chemin de fer ou en tramway, une indemnité égale au prix d'un billet de 1re classe calculé, s'il se peut, d'après le tarif réduit applicable aux trajets aller et retour ;

Pour les voyages effectués par un autre mode de locomotion, qui ne doit être employé que dans l'impossibilité de faire usage de la voie ferrée ou en cas d'extrême urgence, une indemnité de 60 centimes par kilomètre parcouru en allant et en revenant ;

Pour les voyages effectués par mer, le remboursement du prix du passage tant à l'aller qu'au retour.

Lorsqu'il est accordé par les lois en vigueur un tarif de transport réduit, l'indemnité de frais de voyage est diminuée du montant des avantages qui sont ainsi concédés.

Il leur est alloué, en outre : si le lieu de transport est situé à une distance de plus de 5 kilomètres, une somme de 15 fr. par jour, et si le lieu du transport est situé à une distance de plus de 20 kilomètres, une somme de 20 fr. par jour. Cette indemnité de séjour est portée, pour les conseillers délégués comme présidents des sessions ordinaires ou extraordinaires des cours d'assises qui ne sont point tenues au chef-lieu de la cour d'appel, à 40 fr. pour chaque jour de la session et, en outre, pour le jour qui précède l'ouverture et pour celui qui suit la clôture de ladite session.

Art. 113. — Les déplacements des magistrats peuvent leur donner droit à des frais de voitures taxés sur un état justificatif de la dépense lorsque ces déplacements sont effectués :

1° A l'intérieur de la ville, siège de leur résidence, s'il existe un tribunal de 1re classe dans cette ville ;

2° Hors de la ville, siège de leur résidence, mais dans la même commune, si la distance du centre de la ville au lieu du transport excède de 2 kilomètres.

Art. 114. — Les magistrats qui, dans la même journée se transportent à l'occasion d'affaires distinctes, dans des communes situées dans des directions différentes, peuvent calculer leurs indemnités de voyage et de séjour d'après le total des distances parcourues.

Si le transport affecte plusieurs communes situées dans la même direction, le mémoire de frais doit être établi d'après la distance de la résidence des magistrats à la commune la plus éloignée.

Art. 115. — Tous les frais de transport fait sur route, prévus au présent décret, autres que ceux dûs pour un transport effectué dans la commune de la résidence, sont calculés d'après le tableau des distances de chaque commune au chef-lieu de canton, au chef-lieu d'arrondissement et au chef-lieu de département, dressé par les soins des préfets, déposé aux greffes des cours d'appel, des tribunaux de première instance et des justices de paix et transmis au Ministre de la justice.

CHAPITRE VIII

Du port des lettres et paquets.

Art. 116. — Les droits relatifs à la correspondance postale, télégraphique et téléphonique, sont perçus pour chaque affaire criminelle, correctionnelle ou de simple police dans les conditions fixées et d'après le tarif établi par les lois de finances.

Art. 117. — Lorsqu'une correspondance doit être préalablement affranchie, le prix de cet affranchissement est avancé par le greffier.

Pour obtenir le remboursement de cette avance, il comprend le montant dans un de ses mémoires de frais de justice criminelle, en visant l'article de la loi du règlement en exécution duquel l'envoi des lettres ou paquets a été effectué.

CHAPITRE IX

Des frais d'impression.

Art. 118. — Les seules impressions qui doivent être payées à titre de frais de justice sont :

1° Celle des jugements et arrêts dont l'affichage ou l'insertion ont été ordonnés par la cour ou le tribunal ;

2° Celle des signalements individuels de personnes à arrêter, dans les cas exceptionnels, où l'envoi de ces signalements aurait été reconnu indispensable ;

3° Celle de l'arrêt ou du jugement de revision d'où résulte l'innocence d'un condamné et dont l'affichage est prescrit par l'article 446 §§ 9 et 10 du code d'instruction criminelle

Art. 119. — Les placards destinés à être affichés sont transmis aux maires qui les font apposer, dans les lieux accoutumes, aux frais de la commune.

Art. 120. — Les impressions payées à titre de frais de justice criminelle sont faites en vertu de marchés passés pour chaque ressort ou pour chaque arrondissement, par le procureur général ou le procureur de la République, suivant le cas, et qui ne peuvent être exécutés qu'avec l'approbation préalable du Ministre de la justice. Toutefois, à défaut d'un tel marché, il peut être traité de gré à gré chaque fois qu'une impression doit être faite. Les imprimeurs joignent à chaque article de leur mémoire un exemplaire de l'objet imprimé, comme pièce justificative.

CHAPITRE X

Des frais d'exécution des arrêts.

Art. 121. — Des règlements spéciaux déterminent les dépenses nécessaires pour l'exécution des arrêts criminels et règlent le mode de leur payement.

Le Ministre de la justice peut accorder, sur les fonds généraux des frais de justice criminelle, sur l'avis des procureurs généraux et des préfets, des secours alimentaires aux exécuteurs infirmes ou sans emploi, à leurs veuves et à leurs orphelins jusqu'à l'âge de douze ans.

TITRE III

DES DÉPENSES ASSIMILÉES A CELLES DE L'INSTRUCTION DES PROCÈS CRIMINELS.

CHAPITRE Iᵉʳ.

Régles générales.

Art. 122. — Dans les procédures assimilées, au point de vue des dépenses, aux procès criminels, les frais sont avancés par l'administration de l'enregistrement, conformément aux dispositions du présent décret, mais ils sont taxés et liquidés d'après le tarif et suivant les règles de chaque juridiction compétente.

Les règles de déchéance et le mode de payement sont ceux établis par le présent décret.

Art. 123. — Par dérogation à la règle établie à l'article précédent sont payés conformément au tarif fixé par le présent décret les frais des poursuites exercées devant le tribunal civil ou devant la cour d'appel :

1° Pour contraventions aux lois sur la tenue des registres de l'état civil, dans les cas prévus par les articles 50 et 53 du code civil, et sur la célébration des mariages, dans le cas prévu par l'article 192 du code civil ;

2° Pour infractions disciplinaires commises par des officiers publics ou ministériels.

CHAPITRE II
Règles spéciales.

Art. 124. — *Assistance judiciaire.* — En matière d'assistance judiciaire, les frais qui sont exposés dans les instances portées devant les juridictions administratives sont admis en dépense par le Ministre de la Justice. Ceux exposés devant les conseils de préfecture doivent, au préalable, être soumis au contrôle du Ministre de l'Intérieur, qui en arrête le montant sur les états taxés, avant de les transmettre au département de la Justice. **Si,** au cours de l'instance suivie avec le bénéfice de l'assistance judiciaire devant le conseil de préfecture, des témoins sont appelés à déposer, l'indemnité qui leur est allouée, après taxation régulière par le vice-président du conseil de préfecture est acquittée provisoirement et sans délai à un compte d'avances.

Art. 125. — *Poursuites d'office en matière civile.* — Lorsque le ministère public agit d'office, les actes auxquels la procédure donne lieu sont visés pour timbre et enregistrés en débet conformément aux lois du 13 brumaire et du 22 frimaire an VII.

Art. 126. — *Procédure d'office aux fins d'interdiction.* — Si l'interdit est solvable, les frais de l'interdiction sont à sa charge et le recouvrement en est poursuivi avec privilège et préférence conformément à la loi du 5 septembre 1807.

Si l'interdit parait avoir des ressources insuffisantes, le ministère public doit faire constater cette insuffisance par le bureau d'assistance judiciaire et les frais sont avancés et recouvrés comme en matière d'assistance judiciaire.

Art. 127. — *Inscriptions hypothécaires requises par le ministère public.* — Les frais des inscriptions hypothécaires prises d'office par le ministère public sont avancés par l'administration de l'enregistrement, sauf recouvrement ultérieur contre les intéressés.

Art. 128. — *Recouvrement des amendes.* — Les frais de recouvrement des amendes prononcées dans les cas prévus par le code d'instruction criminelle et par le code pénal sont taxés conformément aux tarifs en matière civile.

Ces frais ne sont point imputés sur les fonds généraux des frais de justice criminelle ; l'avance et la régularisation en sont effectuées par les soins do l'administration des finances.

Art. 129. — *Transports des registres et archives.* — Lorsqu'il y a lieu de déplacer des registres minutes et autres papiers d'un greffe ou des archives d'une cour ou d'un tribunal, il est dressé sans frais par le greffier, et, à son défaut par le président de la cour ou du tribunal ou par le juge de paix, suivant le cas, un bref état des registres et papiers à transporter.

Si les archives déplacées sont celles d'un parquet, l'inventaire est dressé, suivant le cas, par le procureur général, le procureur de la République ou le magistrat du ministère public près le tribunal de simple police, et, à défaut de ce dernier, par le juge de paix.

TITRE IV.
DU PAYEMENT ET DU RECOUVREMENT DES FRAIS DE JUSTICE CRIMINELLE

CHAPITRE Ier

Du mode de payement.

SECTION Ire. — DÉLIVRANCE DE L'EXÉCUTOIRE

Art. 130. — Les frais de justice criminelle sont payés sur les états ou mémoires des parties prenantes.

Art. 131. — Sous peine de rejet, les états ou mémoires sont dressés conformément aux modèles arrêtés par le Ministre de la Justice, et de manière que les taxes et exécutoires puissent y être apposés.

Art. 132. — Tout état ou mémoire fait au nom de deux ou plusieurs parties prenantes doit être signé par chacune d'elles ; le payement ne peut être fait que sur leur acquit individuel ou sur celui de la personne qu'elles ont autorisée, spécialement et par écrit, à toucher le montant de l'état ou mémoire. Cette autorisation est mise au bas de l'état et ne donne lieu à la perception d'aucun droit.

Art. 133. — Sauf les mémoires dressés par les gendarmes et pour lesquels un troisième exemplaire est exigé par des règlements spéciaux, il n'est fait que deux expéditions de chaque état ou mémoire de frais de justice, l'une sur papier timbré, l'autre sur papier libre.

La première est destinée au receveur de l'enregistrement avec les pièces justificatives. La deuxième est destinée au Ministre de la Justice, avec le bordereau mensuel dont il est parlé ci-après.

Art. 134. — Le prix du timbre, tant du mémoire que des pièces à l'appui, est à la charge de la partie prenante.

Toutefois, en outre des cas où une dispostion de loi spéciale accorde la dispense du timbre, ne sont pas sujets à cette formalité les états ou mémoires qui ne s'élèvent pas à plus de 10 fr.

Art. 135. — La partie prenante, sauf dans le cas prévu par l'article 139, dépose ou adresse au magistrat du ministère public près la juridiction compétente, les exemplaires de son mémoire.

Après avoir vérifié ce mémoire, article par article, ce magistat l'adresse au procureur général qui fait procéder à une nouvelle vérification, et, s'il est régulier, le revèt de son visa.

Aucun état ou mémoire ne peut être payé s'il n'a été préalablement visé par le procureur général.

Art. 136. — Les formalités de la taxe et de l'exécutoire sont remplies sans frais par les présidents, les juges d'instruction et les juges de paix, chacun en ce qui le concerne.

Les présidents et les juges d'instruction ne peuvent refuser de taxer et de rendre exécutoires, s'il y a lieu, des états ou mémoires de frais de justice criminelle, par la seule raison que ces frais n'auraient pas été faits par leur ordre direct, pourvu toutefois qu'ils aient été faits en vertu des ordres d'une autorité compétente du ressort de la cour ou du tribunal.

Art. 137. — Les mémoires sont taxés article par article, la taxe de chaque article rappelle la disposition législative ou réglementaire sur laquelle elle est fondée

Chaque expédition du mémoire est revêtue de la taxe du juge.

Art. 138. — Le magistrat taxateur délivre ensuite son exécutoire à la suite de l'état ou du mémoire.

Cet exécutoire est toujours décerné sur le réquisitoire écrit et signé de l'officier du ministère public.

Art. 139. — Lorsqu'un mémoire porte sur des frais faits devant le tribunal de commerce, il est taxé par le président ou par le juge de ce tribunal, sans réquisition préalable, mais après avoir été soumis au visa du procureur général.

Art. 140. — Les dispositions qui précédent ne sont pas applicables au payement :

1° Des indemnités des témoins, des jurés et des interprètes ;

2° Des dépenses modiques relatives à des fournitures ou opérations et dont le maximum est fixé par les instructions du Ministre de la Justice.

Art. 141. — Dans les cas prévus par l'article précédent, les frais sont acquittés sur simple taxe et mandat du magistrat compétent apposés sur les réquisitions, copies de convocations ou de citations, états ou mémoires des parties.

Le visa du procureur général n'est pas exigé.

Ces frais sont payés sans retenue par le greffier de la juridiction compétente, qui est chargé, à titre de régisseur, de ce payement au moyen d'avances mises à sa disposition par l'administration de l'enregistrement. Il remet ensuite à cette administration les taxes revêtues de l'acquit des parties prenantes.

Art. 142. — Les juges qui ont décerné les mandats ou exécutoires et les officiers du ministère public qui ont apposé leur signature sont responsables de tout abus ou exagération dans les taxes, solidairement avec les parties prenantes et sauf leur recours contre elles.

Art. 143. — Les mémoires qui n'ont pas été présentés à la taxe du juge dans le délai d'une année à partir de l'époque à laquelle les frais ont été faits ou dont le payement n'a pas été réclamé dans les six mois de la date de l'ordonnancement, ne pourront être acquittés qu'autant qu'il sera justifié que les retards ne sont point imputables à la partie dénommée dans l'exécutoire.

Cette justification ne pourra être admise que par le Ministre de la Justice, après avis du procureur général, et sous réserve des dispositions du décret du 31 mai 1862 relatives à la déchéance quinquennale.

Art. 144. — La taxe et l'exécutoire, ainsi que la disposition du jugement relative à la liquidation des dépens, sont susceptibles de recours. Si ce recours est exercé par la partie prenante, il doit être formé dans le délai de dix jours à compter de celui où l'ordonnance de taxe a été notifié administrativement et sans frais ; il est, dans tous les cas, porté devant la chambre des mises en accusation dans le ressort de laquelle les poursuites sont intentées. Si le recours est exercé par la partie condamnée, il est porté devant la juridiction d'appel, au cas où la décision qui contient liquidation peut être entreprise par cette voie, et, dans le cas contraire, à la chambre d'accusation comme il est dit ci-dessus.

L'appel lorsqu'il est ouvert, est formé dans les délais ordinaires : il est recevable même lorsqu'il n'a été appelé d'aucune disposition sur le fond.

Le pourvoi en cassation est ouvert dans tous les cas.

SECTION II. — PAYEMENT.

Art. 145. — Les mandats et exécutoires délivrés pour les causes et dans les formes déterminées par le présent décret sont payables chez les receveurs de l'enregistrement établis près le tribunal duquel ils émanent sauf dans le cas prévu par l'article 147 ci-après.

Art. 146. — Ces exécutoires ne peuvent être acquittés qu'après avoir été revêtus d'un certificat de non-opposition par le receveur de l'enregistrement établi près le tribunal duquel ils émanent.

Toutefois, ce certificat n'est pas exigé quand il s'agit soit des frais acquittés sur simple taxe, conformément aux articles 140 et 141 ci-dessus, soit des mémoires de la gendarmerie.

Art. 147. — Toutes les fois qu'il y a partie civile en cause et que celle-ci n'a pas obtenu le bénéfice de l'assistance judiciaire, les exécutoires pour les frais d'instruction, expédition et signification des jugements sont décernés contre la partie civile, s'il y a consignation.

Dans tous les cas où la consignation n'a pas été faite, ou si elle est insuffisante, les frais sont avancés par l'administration de l'enregistrement.

Art. 148. — Dans les exécutoires décernés sur les caisses de l'administration de l'enregistrement pour des frais qui ne restent pas définitivement à la charge de l'Etat, il doit être mentionné qu'il n'y a pas de partie civile en cause ou que la partie civile a obtenu le bénéfice de l'assistance judiciaire ou qu'il n'y a pas eu de consignation suffisante.

SECTION III. — MESURES DE CONTRÔLE

Art. 149. — Au commencement du mois, chaque receveur de l'enregistrement dresse, en double expédition, un état récapitulatif de tous les frais acquittés sur simple taxe du juge pendant le mois précédent.

Le receveur de l'enregistrement en adresse une expédition, à l'expiration de chaque mois, au directeur de l'enregistrement du département, avec les taxes à l'appui.

La seconde expédition est envoyée, soit au procureur général, soit au procureur de la République, pour être transmise au Ministre de la Justice.

Art. 150. — Dans la première quinzaine de chaque mois, les procureurs généraux près les cours d'appel et les procureurs de la République envoient au Ministre de la Justice, avec un bordereau dressé dans la forme indiquée par les instructions ministérielles, tous les doubles des états et mémoires des frais taxés et mandatés dans leur ressort pendant le mois précédent.

CHAPITRE II

Consignation par la partie civile pour frais de procédure.

Art. 151. — En matière criminelle, correctionnelle ou de simple police, la partie qui n'a pas obtenu l'assistance judiciaire est tenue, sous peine de non-recevabilité de sa plainte, de déposer au greffe la somme présumée nécessaire pour tous les frais de la procédure, lorsqu'elle saisit directement le juge d'instruction, conformément à l'article 63 du code d'instruction criminelle, ou qu'elle cite directement le prévenu devant le tribunal correctionnel ou de simple police.

Dans ce dernier cas, le tribunal fixe le montant de la consignation à la première audience où l'affaire est portée.

Lorsque, en matière de presse, la partie civile saisit directement la cour d'assises, le président de cette cour doit, en indiquant l'audience à laquelle l'affaire sera appelée, fixer par ordonnance le montant de la consignation.

Un supplément de consignation peut être exigé au cours des poursuites, soit pendant l'instruction, soit devant la juridiction de jugement, dès que le reliquat paraît insuffisant pour assurer le payement de tous les frais, y compris l'enregistrement du jugement.

Il ne peut être exigé aucune rétribution pour la garde de ce dépôt, à peine de concussion.

Art. 152. — Il est tenu par les greffiers, sous la surveillance des procureurs généraux et des procureurs de la République dans les cours d'appel et les tribunaux de première instance, et sous la surveillance des juges de paix dans les tribunaux de simple police, un registre dans lequel est ouvert, pour chaque affaire, un compte particulier aux parties civiles qui ont consigné le montant présumé des frais de la procédure.

Art. 153. — Sur ce registre, qui est coté et paraphé, suivant les cas, par le procureur général, le procureur de la République ou le juge de paix, les greffiers portent exactement les sommes reçues et payées.

Art. 154. — Dans tous les cas, les sommes non employées et qui sont restées entre les mains du greffier sont remises par lui, sur simple récépissé, à la partie civile, lorsque l'affaire est terminée par une décision qui, à l'égard de cette partie civile, à force de chose jugée.

Art. 155. — Pour obtenir remboursement des sommes qui ont servi à solder les frais de la procédure, la partie civile qui n'a pas succombé doit établir un mémoire en double expédition qui est rendu exécutoire par le président de la cour d'assises, par le président de la cour d'appel ou du tribunal, ou par le juge de paix, selon le cas, dans les conditions prévues par les articles 135 et suivants du présent décret.

Ce mémoire est payé comme les autres frais de justice criminelle par le receveur de l'enregistrement.

Art. 156. — A l'expiration de chaque année, les greffiers adressent, par l'intermédiaire du parquet, au Ministre de la Justice, un compte sommaire tant des sommes consignées entre leurs mains que de celles qu'ils ont employées ou qui ont été restituées aux parties civiles.

CHAPITRE III

De la liquidation et du recouvrement des frais.

§ 1er. — *Liquidation des frais.*

Ar. 157. — Sont déclarés dans tous les cas à la charge de l'Etat et sans recours envers les condamnés : 1° les frais de voyage et de séjour des magistrats délégués pour la tenue des cours d'assises ; 2° les frais de transport et de séjour des juges de paix pour l'établissement de la liste annuelle du jury ; 3° toutes les indemnités payées aux jurés ; 4° les frais de transport des prévenus et accusés dans les cas prévus par l'article 11 du présent décret ; 5° les droits d'expédition pour la copie gratuite de la procédure qui doit être délivrée aux accusés conformément à l'article 305 du code d'instruction criminelle ; 6° toutes les dépenses pour l'exécution des arrêts criminels.

Art. 158. — Il est dressé pour chaque affaire criminelle, correctionnelle ou de simple police, un état de liquidation des frais autres que ceux qui sont à la charge de l'Etat sans recours envers les condamnés.

Cette liquidation doit être insérée, soit dans l'ordonnance, soit dans l'arrêt ou le jugement qui prononce la condamnation aux frais.

Lorsque cette insertion ne peut être faite, le juge décerne exécutoire contre qui de droit, au bas de l'état même de liquidation.

Art. 159. — Pour faciliter la liquidation, les officiers de police judiciaire et les juges d'instruction, aussitôt qu'ils ont terminé leurs fonctions relativement à chaque affaire, doivent joindre aux pièces un relevé des frais auxquels ont donné lieu les actes dont ils ont été chargés.

Art. 160. — Le greffier doit remettre au trésorier-payeur général, dès que la condamnation est devenue définitive, un extrait de l'ordonnance, jugement ou arrêt, pour ce qui concerne la liquidation et la condamnation au remboursement des frais ou une copie de l'état de liquidation rendu exécutoire.

§ 2. — *Personnes contre lesquelles le recouvrement*
des frais peut être poursuivi.

Art. 161. — En conformité des articles 162, 176, 194, 211, 360 du code d'instruction criminelle et 55 du code pénal, tout arrêt ou jugement de condamnation doit assujettir au remboursement des frais les condamnés et les personnes civilement responsables.

La condamnation aux dépens n'est prononcée solidairement que contre les individus condamnés pour un même crime ou pour un même délit.

Au cas où l'annulation d'une procédure est fondée sur une nullité qui n'est pas le fait du condamné ou des personnes civilement responsables, ceux-ci ne peuvent être tenus des frais nécessités par cette procédure, lorsqu'il n'a pas été fait application aux auteurs de la nullité des dispositions de l'article 415 du code d'instruction criminelle.

Le juge peut ne pas mettre à la charge de la partie qui succombe, quelle qu'elle soit, les frais qu'il déclare frustratoires.

Art. 162. — En matière de simple police, de police correctionnelle, ainsi que dans les affaires soumises au jury, la partie civile qui n'a pas succombé n'est jamais tenue des frais, sauf de ceux occasionnés par elle et qui ont été déclarés frustratoires.

Le montant de la consignation par elle effectuée lui est restituée dans les conditions prévues par les articles 154 et 155 du présent décret.

Art. 163. — Sont assimilés aux parties civiles, sauf en ce qui concerne la consignation préalable :

1° Toute administration publique, relativement aux procès suivis, soit à sa requête, soit d'office et dans son intérêt ;

2° Les départements, les communes et les établissements publics dans les procès instruits à leur requête ou d'office pour délits commis contre leurs domaines publics ou privés.

§ 3. — *Régularisation des dépenses. — Recouvrement.*

Art. 164. — Le directeur de l'enregistrement de chaque département dresse un état général des frais acquittés pendant le mois et le fait parvenir dans la première quinzaine du mois suivant au directeur de la comptabilité publique. Il joint à cet état les mandats et exécutoires ainsi que les originaux des pièces justificatives.

Art. 165. — Le directeur de la comptabilité publique fait parvenir au Ministre de la Justice, dans les trois mois au plus tard après l'expiration de chaque trimestre, les états visés au précédent article, ainsi que les mandats et exécutoires accompagnés des originaux des pièces justificatives.

Il y joint un état général mensuel desdits mandats et exécutoires, et, en fin d'exercice, un état récapitulatif établi pour l'année entière.

Art. 166. — Le Ministre de la Justice fait procéder à la vérification de l'état général mensuel visé dans l'article précédent.

Il l'arrête à la somme totale des payements qui lui paraissent avoir été régulièrement faits.

Il délivre du montant une ordonnance au profit de l'administration de l'enregistrement, le tout sans préjudice, des restitutions qu'il pourrait y avoir lieu d'ordonner.

Art. 167. — Toutes les fois que le Ministre de la Justice reconnaît que des sommes ont été indûment allouées à titre de frais de justice criminelle, il en fait dresser des rôles de restitution, lesquels sont par lui déclarés exécutoires contre qui de droit, lors même que ces sommes se trouveraient comprises dans des états déjà ordonnancés par lui, pourvu néanmoins, d'une part, qu'il ne se soit pas écoulé plus de deux ans depuis la date desdites ordonnances et, d'autre part, que celles-ci n'aient été l'objet d'aucun recours sur lequel la juridiction compétente ait statué.

Art. 168. — Le recouvrement des frais de justice avancés par l'administration de l'enregistrement qui ne restent pas définitivement à la charge de l'Etat, ainsi que les restitutions ordonnées par le Ministre de la Justice sont poursuivis par toutes voies de droit et par celle de la contrainte par corps dans les cas où la loi permet de l'exercer, à la diligence des percepteurs des contributions directes, en vertu des exécutoires mentionnés aux articles ci-dessus.

L'arrêté ordonnant le reversement ne peut être attaqué que par la voie d'un recours devant le Conseil d'Etat.

Dispositions générales et transitoires

Art. 169. — Sont abrogés, en outre des dispositions abrogées par la loi du 23 octobre 1919, tous règlements, ordonnances et décrets relatifs au tarif et au mode de payement et recouvrement des frais de justice en matière criminèlle, notamment le décret du 7 avril 1813, les ordonnances des 6 août 1823, 4 août 1824, 10 mars 1825, l'article 2 § 2 de l'ordonnance du 17 mai 1832, les ordonnances des 28 juin 1832, 28 novembre 1838, 2 mai 1844, 2 mars 1845, 19 janvier 1846, l'arrêté du 19 avril 1848, les décrets des 21 avril 1880, 16 février 1885, 22 juin 1895, le troisième alinéa de l'article 1er du décret du 13 novembre 1899, modifié par le décret du 25 juillet 1903, l'article 12 du décret du 12 décembre 1899, modifié par les décrets du 7 juin et 13 novembre 1900, les décrets des 12 avril 1907, l'article 17 juillet 1908, 28 juin 1909 et 23 août 1912, ainsi que toutes autres dispositions contraires à celles du présent décret.

Art. 170. — Les tarifs actuellement en vigueur en Algérie continueront à y être observés jusqu'à ce qu'il en ait été autrement ordonné.

Art. 171. — Le garde des sceaux, Ministre de la Justice et le Ministre des Finances sont chargés, chacun en ce qui le concerne, de l'exécution du présent décret qui sera publié au *Journal officiel* de la République française et inséré au *Bulletin des lois*.

Fait à Paris, le 5 octobre 1920.

A. MILLERAND.

Par le Président de la République :

Le Garde des Sceaux, Ministre de la Justice,
LHOPITEAU.

Le Ministre des Finances,
F. FRANÇOIS-MARSAL.